BEI GRIN MACHT SICH
WISSEN BEZAHLT

- Wir veröffentlichen Ihre Hausarbeit,
  Bachelor- und Masterarbeit

- Ihr eigenes eBook und Buch -
  weltweit in allen wichtigen Shops

- Verdienen Sie an jedem Verkauf

Jetzt bei www.GRIN.com hochladen
und kostenlos publizieren

Bibliografische Information der Deutschen Nationalbibliothek:

Die Deutsche Bibliothek verzeichnet diese Publikation in der Deutschen National-
bibliografie; detaillierte bibliografische Daten sind im Internet über http://dnb.d-
nb.de/ abrufbar.

Impressum:

Copyright © 2017 GRIN Verlag
Druck und Bindung: Books on Demand GmbH, Norderstedt Germany
ISBN: 9783668653375

Dieses Buch bei GRIN:

https://www.grin.com/document/414596

Johannes Porsche

Melodien erzeugen mit Arduino. Eine Unterrichtssequenz für die Oberschule

Microcontroller in der Schule

GRIN Verlag

GRIN - Your knowledge has value

Der GRIN Verlag publiziert seit 1998 wissenschaftliche Arbeiten von Studenten, Hochschullehrern und anderen Akademikern als eBook und gedrucktes Buch. Die Verlagswebsite www.grin.com ist die ideale Plattform zur Veröffentlichung von Hausarbeiten, Abschlussarbeiten, wissenschaftlichen Aufsätzen, Dissertationen und Fachbüchern.

Besuchen Sie uns im Internet:

http://www.grin.com/

http://www.facebook.com/grincom

http://www.twitter.com/grin_com

Technische Universität Dresden
Fakultät Informatik
Institut für Software- und Multimediatechnik

Melodien erzeugen mit Arduino

Beleg zur Lehrveranstaltung „Physical-Computing"

Autor: Porsche, Johannes

SoSe 2017

Inhaltsverzeichnis

1. Einleitung

In der folgenden Arbeit wird eine Sequenz von mehreren Stunden so aufbereitet, dass Planungsvorbereitungen, Fachbetrachtungen, didaktische Hinweise und Materialien für Lehrer und Schüler vorliegen, mit denen das Schülerprojekt „Melodiewecker mit Dämmerungsfunktion" in einer zehnten Klasse der Realschule realisiert werden kann. Es wurde das Thema Melodie ausgewählt, weil Schüler hier die Möglichkeit haben, das Ergebnis mittels Melodien sehr individuell zu gestalten. Auch sind die zu steckenden Schaltungen nicht kompliziert und verlagern den Schwerpunkt der Arbeit nicht unnötig ins Technische.

2. Sachanalyse

Das Thema des Projekts lautet: "Arduino als Tageslichtwecker "

Die dazugehörige Aufgabenstellung: Installiere dazu eine Schaltung für den Arduino, die bei Lichteinfall eine Weckmelodie abspielt, und Implementiere einen Sketch, der diese Funktion unterstützt.

Die Technik die zum Einsatz kommt besteht im Wesentlichen aus dem Mikrocontroller und den verwendeten Sensoren und Aktoren. Diese sind ein Lichtsensor und ein Lautsprecher.

2.1. Mikrocontroller

Der Arduino Uno ist ein Mikrocontroller. Hinter dem Begriff verbirgt sich ein kleiner Computer, der einen Prozessor, interne Speicher sowie Eingänge in analoger und digitaler Form und digitale Ausgänge besitzt. Diese Pins sind wichtig, um Sensoren oder Aktoren anzusprechen, welche der Plattform viele unterschiedlichste Einsatzfelder eröffnet.

Programmiert werden kann er über eine serielle USB-Schnittstelle, so dass die Sketches am PC in einer dem C++ ähnlichen Sprache editiert, compiliert und anschließend auf den internen Speicher des Geräts geladen werden können.

3

Die wichtigsten Funktionen sind Setup, in der alle benötigten Ein- und Ausgänge für das Programm definiert werden und Loop, unter welcher ein Programm immer wieder durchlaufen wird.

Der Arduino Uno wird mit 5 V versorgt und arbeitet mit einer Frequenz von 16 MHz.

2.2. Vorbetrachtungen zur Schallerzeugung

Töne sind Schallwellen, d.h. Schwingungen des Luftdrucks. Ein relativ zur Ausbreitungsrichtung fester Körper unterliegt diesen Luftdruckveränderungen, welche am Trommelfell in schnellem Rhythmus Bewegungen erzeugen. Der Mensch nimmt Frequenzen ab 35 Hz als Ton war. Je höher die Frequenz, desto höher der wahrgenommene Ton.

Im Versuch sollen Töne mittels Lautsprecher erzeugt werden.

Um Schwingungen der Luft zu erzeugen, bewegt der Lautsprecher eine Membran mit hoher Frequenz. Diese Bewegung wird an die Luft weitergegeben, welche sich dann in alle Richtungen ausbreitet.

Angesteuert wird der Lautsprecher durch elektrische Signale, welche in der Spule ein elektromagnetisches Feld auf- und abbauen. Die Membran sitzt auf einem entsprechendem Dauermagneten, welcher je nach Spannung angezogen bzw. Abgestoßen wird.

Mit dem Arduino kann man Frequenzen erzeugen, indem sich ein An- bzw. Aussignal, welches über einen Pin zum Lautsprechereingang führt, in entsprechender Frequenz abwechselt.

Piezoelemente, wie sie häufig vorkommen, bestehen aus einer Keramik und einer Metallscheibe. Digitale Signale liegen meist in Rechteckform vor. Beim Umschalten zwischen positiver Spannung und Masse biegt sich das Piezoelement, was ähnliche Auswirkungen auf den umliegenden Luftdruck hat, wie beim Lautsprecher. Im Unterschied zum Lautsprecher entstehen aber keine sinusartigen Wellen, sondern Rechteckwellen, da das abrupte umstellen zwischen konkav und konvexer Oberfläche dies auch auf den Luftdruck abrupt überträgt. Zum Abspielen von Melodien und Tönen sind diese Schallwellen ungeeignet, weshalb die Wahl auf einen Lautsprecher fiel.

Dieses Programm dient zum Einstieg in die Arduino IDE:

```
Void setup(){
pinMode(9,OUTPUT);        //Pin 9 wird als Ausgang definiert
}

void loop(){              //Beginn der Schleife
digitalWrite(9, HIGH);    //Über Pin 9 wird der Lautsprecher
                          //oder eine LED angesteuert.
                          //Die Membran wird angezogen.
delay(1);                 //tausendstel Sekunde halten
digitalWrite(9, LOW);     //Membran wird losgelassen
delay(1);                 //tausendstel Sekunde warten
}
```

2.3. Vorbetrachtungen zum Photowiderstand:

Im Projekt ist ein Photowiderstand vorgesehen, der den An- und Ausschalter für die Melodie ersetzen soll.

Der Photowiderstand ist im Bausatz vorhanden und verändert seine elektrische Leitfähigkeit je nach Lichteinfall. Alternative Bauteile, welche jedoch nicht im Arduino Lieferumfang sind, heißen Photodiode und Phototransistor.

LDR Fotowiderstand (Lichtsensor) verändert seinen Widerstand von ca. 300k Ohm im Dunkeln zu 16k Ohm in starker Helligkeit, wie es auf dem Bauteil bei Fritzing.org angegeben wird. Anhand des Widerstandes kann also die Helligkeit abgeleitet werden.

Das Bauteil nutzt an dieser Stelle die Dotierung von Störstellen im Kristallgitter des Cadmiumselenids mit lichtinduzierten Fremdatomen. Damit kann die Leitfähigkeit des Halbleiters deutlich erhöht werden. Dieser physikalische Ablauf unterliegt einer gewissen Trägheit. Insbesondere beim Eintritt von Dunkelheit verbleiben noch Ladungsträger im Material, was bei Anwendungen wie Lichtsensor oder Dämmerungsschaltern keine Beeinträchtigung darstellt.

Der Lichtsensor wird im Sketch als Dämmerungsschalter verwendet, der eine LED ansteuert.

Zum Aufbau gehören eine LED, einen Fotowiderstand und einen 10K Ohm Widerstand, welche als Spannungsteiler installiert werden. Der Fotowiderstand erhält 5V und geht in den analogen Pin A1. Der 10k Ohm Widerstand geht ebenso auf A1 wir und Ground. Damit kann man an A1 die Spannung ablesen, welche durch die Helligkeit am LDR verändert wird.

Im später aufgeführte Sketch wird ein Schwellwert für den Pin A1 angegeben, ab welchem die LED am Pin 9 eingeschaltet wird.

2.4. Vorbetrachtungen Schaltung:

Der Lautsprecher wird direkt an einen Pin9 Ausgang angeschlossen, welcher im Programm als Ausgangspin für die Melodie definiert ist.

Das andere Ende gehört an Masse (GND). Theoretisch würde es so schon funktionieren, doch ist der Arduino nicht für diese Stromstärke ausgelegt. Der im Beispiel verwendete Lautsprecher hat 8 Ohm, was zu folgender Gleichung führt:

$I = U/R = 5V / 8\ Ohm = 650\ mA$

Um die 650 mA zu verringern, benötigt man einen größeren Widerstand des Lautsprechers, also schaltet man einen entsprechenden Vorwiderstand in Reihe.

I = U/R = 5V / (8 Ohm + 150 Ohm) = 31 mA

Mit 100 Ohm als Vorwiderstand ist die Stromstärke nun angemessen. Laut Nussey (S. 93 in: Nussey, John: Arduino für Dummies. 2015. Ulm.) beträgt die maximale Ausgangsstromstärke an den digitalen Pins des Arduino 40 mA bei 5 Volt.

Der Lichtsensor Liegt einerseits an 5 V, andererseits an Masse (GND). Dieser muss auch mit einem Widerstand in Reihe geschalten werden, damit die Stromstärke bei Lichteinfall nicht zu groß wird. Hier wurden abermals 150 Ohm gewählt.

Die Abhängigkeit der Stromstärke vom Licht ergibt sich aus der Gleichung

$$I = U / R,$$

so dass der Strom steigt, wenn der Widerstand bei Lichteinfall geringer wird.

Die Spannung verändert sich entsprechend und wird zwischen Sensor und Widerstand über den analogen Eingang A1 abgegriffen. Sollte dieser Wert eine bestimmte Schwelle überschreiten (z.B. bei Lichteinfall), so beginnt die Melodie.

Das Überprüfen mit einem Spannungsmessgerät ergab einen Spannungsabfall bei Verdunkelung mit dem Finger von 4,1 Volt auf 1,8 Volt.

3. Bedingungsanalyse

3.1. Benötigte Technik

Benötigt werden ein Arduino Uno Allnet Starter Kit pro Bank, d.h. In einem Raum mit 16 PC's reichen 8 Bausätze aus. Dieses wird ständig weiterentwickelt und kostet derzeit ca. 49 Euro bei diversen Elektronikfachhändlern.

Sie enthalten das Board, die Steckplatine, LED's und entsprechende Kabel zur Verbindung sowie ein USB Kabel für den PC. Zusätzlich gekauft werden müssen jeweils Lautsprecher und Lichtsensor. Als Lautsprecher eignen sich auch herkömmliche Lautsprecher, die mittels Steckverbindern leicht an der Leiterplatte installiert werden können. Wenn es Schülern ermöglicht wird, eigens mitgebrachte Lautsprecher (z.B. alte PC Lautsprecher, aus altem Spielzeug ausgebaute, Lautsprecher aus kaputten Bluetooth-boxen) zu verwenden birgt dies eine imminente zusätzliche Motivation und lässt Vergleiche

3.2. Schüler

Der Informatikraum ist mit 16 PC's ausgestattet, so dass die Klasse geteilt werden muss. Die 16 Schüler sind nicht nach Geschlechtern gemischt, so dass man reine Jungen bzw. Reine Mädchenklassen erhält. Im Unterricht kann das deutliche Auswirkungen auf Technikbegeisterung, Vorkenntnisse und Herangehensweise an Aufgaben haben, denen man in der Planung schon Rechnung tragen sollte. Mit acht Arduinos sind die Schüler gezwungen partnerschaftlich zu arbeiten, was kooperatives Lernen unterstützt und zugleich motiviert.

Als Klassenstufe kommt Klasse zehn in Frage. Die Auffassungsgabe, Erfahrungen mit Projekten und auch Vorkenntnisse über Programmstrukturen sind in dieser Klassenstufe am geeignetsten. Außerdem sieht der Lehrplan hier Projektunterricht vor.

3.3. fachliche Voraussetzungen beim Schüler

Das vorliegende Projekt ist ein zutiefst fächerübergreifendes. Es sind thematische Exkurse in die Musiktheorie (Töne, Tonarten, Notenlehre) und Physik (Licht - wird aus Gründen der didaktischen Reduktion weggelassen, Frequenzen und Schwingungen von Tönen) nötig. Einiges davon muss im Informatikunterricht vor dem eigentlichen Projekt wiederholt werden. In Absprache mit den anderen Fachlehrern kann auch fächerverbindende Vorarbeit geleistet werden.

Aus der Musik werden die Tonleiter, Metrum und das Notenlesen gebraucht. Da man als Ausgangspunkt für den Quelltext Notenbezeichnungen braucht und deren entsprechende Notenlänge, müssen die Schüler wissen, wie sie vom Notenblatt dahin kommen. Der Lernbereich eins in Klasse zehn bietet eine Grundlage für das Projekt, denn die Schüler sollen "eigene situationsbezogene künstlerischer Beiträge gestalten". (Lehrplan Oberschule. Sachsen, Musik, S. 22) Hier könnte die Vorarbeit für Informatik erfolgen, indem ein eigenes Lied komponiert wird und die Nachbereitung, indem die Beiträge auch in Musik vorgestellt und bewertet werden. Der Lernbereich drei bietet für zehn Stunden eine komplexe Gestaltungsaufgabe an, bei der Arduino natürlich ebenso eine Rolle spielen könnte.

Aus der Physik werden Wissensbausteine über Mechanische Schwingungen, Schall, Töne und Frequenzen, Halbleiter (Photowiderstand) benötigt.

Die Voraussetzungen für die Akustik werden in der Klassenstufe neun und zehn geschaffen wobei die Entstehung von Schall in engerem Sinne Teil der Klasse neun ist (Bewegung und ihre Ursachen) (siehe Lehrplan Sachsen. Oberschule. Physik. S. 13).

In "Leitungsvorgängen in Halbleitern", was dem Lernbereich eins entspricht werden die Grundlagen aus der Elektrotechnik bereitet. Es bietet sich an, dies vor dem Projekt zu wiederholen, damit die Funktionsweise von LED und Photowiderstand klar ist.

Was den Aufbau von Schaltungen anbetrifft, bietet es sich wie auch bei Musik an, mit dem Fachlehrer zu sprechen. Im Falle können die Schaltungen auch vorgegeben werden, um dann von den Schülern selbst gesteckt zu werden.

Aus der Informatik kennen die Schüler Algorithmen und haben Programmierkenntnisse. Sie haben schon Ideen zu Programmen moduliert und mit EOS oder einer anderen Sprache implementiert. Sie kennen Schleifen und Verzweigungen und haben schon im Projekt gearbeitet. Die Programmiersprache C ist den Schülern unbekannt und auch die Iteration mit Zählvariablen.

4. Didaktische Analyse

4.1. Bildungsgehalt und didaktische Reduktion

Automatisierte Prozesse, die unabhängig von einem Netzwerk arbeiten, benötigen eine eigene Steuerung, welche früher mechanisch oder elektronisch gelöst wurde. Heute werden immer mehr Mikrocontroller eingesetzt, weil die Bauart universell ist und auf verschiedenste Anwendungen programmiert werden kann. So befinden sich Mikrocontroller in kleinen Spielzeugen, die Geräusche wiedergeben und sich bewegen können. Näher an der Lebenswelt der größeren Jugend sind sicherlich digitale Wecker, Kaufhaustür, Schulklingel, Heizungssteuerung und vieles mehr.

Die Prozessoren in den kleinen Geräten werden immer leistungsfähiger und ähneln damit auch kleinen Computern. Entwicklungen im kommunikations- und Unterhaltungsbereich beinhalten viele Kleingeräte wie Mobiltelefon, Google Brille oder Apple Watch und geben den Weg vor, was in Zukunft alles selbstverständlich sein könnte.

Der Arduino ist den Leistungen gegenüber nicht vergleichbar aber für die Implementierung von schulischen Anwendungen mehr als ausreichend.

Weitere Vorteile aus didaktischer Sicht bietet die Auslassung im Quelltext von Programmbestandteilen, die für die Funktion des Controllers außerdem wichtig sind. Die Schüler müssen sich nur auf den Sketch konzentrieren, der aus Setup und Loop besteht.

Den obligatorischen Technikbaukasten kennen mindestens die Jungen aus ihrem Kinderzimmer oder Jugendzimmer. Eine gewisse Neugier gegenüber dem kleinen Gerät und Faszination stellt sich vermutlich prompt ein und muss vom Lehrer kanalisiert werden. Im Unterschied zu den bekannten Technikbausätzen ist die Materie Arduino gehörig komplexer und bedarf Anleitung. Würde man die Schüler mit dem Gerät allein lassen, stellte sich schnell Frust ein.

Trotz eingebautem Compiler, welcher Ort und Art des Fehlers wiedergibt, sind auch hier 80 Prozent der Programmierzeit Fehlersuche. Dieses Problem bietet den Schülern den Lerngehalt, dass Erfolge nur unter Beachtung von syntaktischen Standards und richtiger Zeichensetzung mit Blick fürs Details möglich sind.

In unserer schnelllebigen Welt kann man eine zunehmende Oberflächlichkeit in der Bearbeitung von Aufgaben beobachten. Arduino ist dabei ein erfrischende Erziehungshilfe mit eingebauter Motivation - denn wenn das Programm am Ende läuft, gibt es unheimliche Erfolgserlebnisse.

Das Gefühl, etwas eigenes geschaffen zu haben, Schwierigkeiten gelöst zu haben und die eigene Idee umgesetzt zu sehen fördert ungemein das positive Selbstwirksamkeitsempfinden. Im normalen Fachunterricht können sich Schüler kaum so in ihrem Arbeitsprozess selbst wahrnehmen als im Projekt.

4.2. Einordnung in die Bildungsstandards Informatik

Die Bildungsstandards für Informatik sehen für Klasse 8 bis 10 "lesen formale[r[Darstellungen von Algorithmen und [] sie in Programme[n] um[setzen]" (Bildungsstandards für Informatik S. 15) im Inhaltsbereich Algorithmen vor. Das Programmieren des Quelltextes für den Arduino fällt darunter.

Auch der Inhaltsbereich "Informatik, Mensch und Gesellschaft" enthält Berührungspunkte zum Projekt, denn die technische Unterstützung und auch Automatisierung von Abläufen in einer modernen Gesellschaft wird in hohem Maße durch den Einsatz von Mikrocontrollern realisiert. Die Schüler können in diesem Projekt die Funktionsweise von Mikrocontrollern ebenso wie deren Grenzen erfahren.

Die Schüler erlangen in Lernbereich eins und im Projekt die Möglichkeit, "automatisierte Vorgänge [zu kommentieren] und deren Umsetzung [zu beurteilen]". Weiterhin "bewerten [die Schüler] Auswirkungen der Automatisierung in der Arbeitswelt. (ebd. S. 15)

Der Prozessbereich "Modellieren und Implementieren" wird während des Projekts umgesetzt, wenn die Schüler "Sachverhalte [analysieren] und angemessene Modelle [erarbeiten]" (ebd. S. 19) wie zum Beispiel ein Struktogramm des Quelltextes oder ein Zustandsdiagramm des Dämmerungsschalters. Anschließend "verwenden sie algorithmische Grundbausteine zur Implementierung" (ebd. S. 19) wie Wiederholungen zum Erzeugen eines Tons und Verzweigungen zum Einsatz des Dämmerungsschalters.

Die Umsetzung im eigenen Projekt wird auch kritisch hinterfragt und begründet, wie in den Prozessbereichen (S. 20) vorgesehen. So bietet sich als Differenzierung an, alternative Lösungsmöglichkeiten zu verlangen. Die Begründung durch Auskommentierung des Quelltextes und Bewertung des eigenen Vorgehens gehören zur Dokumentation der Projektarbeit dazu. Das Kommunizieren und Kooperieren (vgl. ebd. S. 21) erfolgt zum einen mündlich im Unterricht in Partnerarbeit und kann durch Plattformen wie Google Docs auch für zuhause ergänzt werden.

4.3. Einordnung in den Lehrplan

Im sächsischen Lehrplan heißt es für die Klasse 10: "Die Schüler modellieren und implementieren Lösungen zu komplexen Problemen. Sie wählen dazu notwendige Werkzeuge zielgerichtet aus."

Das Modellieren und Implementieren wird in der Klassenstufe 8 eingeführt und erfährt nach der Lernzieltaxonomie eine Steigerung von einfachen Problemen bis komplexen Problemen.

Im Lernbereich zwei ist Arbeiten in Projekten mit acht Stunden vorgesehen. Bevor die Schüler ins Projekt gehen, sollten im Lernbereich eins die Schwerpunkte auf Wiederholung der Programmierkenntnisse aus Klasse 8 und die Einführung in die Programmierumgebung des Arduinos liegen.

5. Planung des Lehr-Lern-Arrangements

UE	Thema	Inhalte	Methoden
1	Start des Projekts	+ Mikrocontroller + Arduino Plattform + praktische Beispiele + Vorstellung des Dämmerungsweckers	+ spielerische Annäherung an die Materie + Präsentation von fertigen Sketches (Lautstärkemessung mittels 5 Dioden, Abstandsmesser, ...) + Jalousie im Klassenzimmer
		+ EVA -Prinzip (Vergleich PC - Arduino)	+ Powerpoint
		+ Ein- und Ausgänge (Pins, USB)	+ **Arbeitsblatt 1/** Lerningapps.org
2	Algorithmen in EOS und Arduino IDE	+ Wdh. EOS (vorgegebenes Programm: → gezeichnete LED blinkt)	+ **Quelltext** (siehe unten) (Whiteboard) kommentieren + **Struktogramm zeichnen** + Veränderungen am Programm vornehmen, damit → sie schneller blinkt → die Farbe ändert
		+ Einführung von Variablen → Zählvariable	+Vermittlung (EOS) Whiteboard: → Zählvariable zählt jedes Blinken → bei 100 Blinken, Ende
		+ Einführung in die Programmiersprache Arduino IDE → setup → loop → erste Befehle (pinMode,input,output,int high,low,digitalWrite,delay) + Iteration	+ Vermittlung + Vermittlung und Kommentierung des **Quelltextes** am Whiteboard

3	1. Programm: LED blinkt	+ Vorwiderstand + Reihenschaltung + Ansteuern von Pins (out)	Motivation: erstes Programm, welches den Elektrobausatz in Aktion bringt + Vermittlung der **Berechnungsformel** Differenzierung: Widerstandsgröße vorgeben + Partnerarbeit: → **Schaltungsskizze** (+ Pins) → wenn OK, dann Aufbau der Schaltung → Quelltext wie Stunde 2, Eingabe durch die Schüler + Ausführung des Programms + Hausaufgabe: Tafelwerk
4	2. Programm: Schall und Töne	+ physikalische Grundlagen von Schall (Wdh. Physik Klasse 9) + Tonerzeugung mit Arduino	+ Experiment im Klassenunterricht mit Frequenzmodulator und Lautsprecher + UG: Wie kann aus dem Blinker ein Frequenzmodulator werden? Wenn wir 10 Wiederholungen pro Sekunde haben, ist die Frequenz 10/1s = 10 Hz. Haben wir 100 Wiederholungen ist die Frequenz 100/1s = 100 Hz, also höher. Je höher also die Frequenz, desto höher der Ton. Probieren wir das aus: + Stillarbeit: **AB mit Lücken im Quelltext** (für Änderungen) → Aufgabe: Erzeuge einen Ton mit einer Frequenz von 1000 Herz) → Aufgabe: Zeichne eine **Schaltung** zur Erzeugung des Tons mit Arduino

			+ **Sicherung über Whiteboard** und Praxis am Lehrertisch + Hausaufgabe für 2 Wochen → Noten für Wunschmelodie → Umformung in Notennamen+Länge
5	3. Programm: Dämmerungs- Schalter Laterne	+ + Aufbau eines Lichtsensors (Halbleiter) + Wdh. If - Verzweigung + Arbeit mit analogen Sensoren	Problematisierung: Straßenlaternen gehen immer zur gleichen Zeit aus und an. So kommt es vor, dass die brennen, obwohl es schon hell ist bzw. sie ausgehen, obwohl es noch dunkel ist. Zeitschalter→Dämmerungssch. + Brainstorming: **Einsatzmöglichkeiten von Lichtsensoren** + Verbalisierung, **Struktogramm** zeichnen + Klassenunterricht: Einlesen von A1 + Aufbau nach **Vorgabe**
6	Projekt	+ Einführung des Befehls tone(pin,Frequenz,Ddauer) Beginn des Projektes	+ freie Melodien spielen lassen → **Frequenztabelle** vorgeben + **Aufgabenblatt Projekt**
7	Projekt		+ Projektarbeit
8	Projekt		+ Projektarbeit
9	Projekt		+ Projektarbeit
10	Auswertung		+ Klassenunterricht + Präsentation vor Plenum

16

6. Anhang

6.1. Quelltext – Melodie spielen mit „tone"

```
//Frequenzen festlegen für Tonhöhe
#define P 0
#define c1 33
#define cis1 35
#define d1 37
#define dis1 39
#define e1 41
#define f1 44
#define fis1 46
#define g1 49
#define gis1 52
#define a1 55
#define ais 58
#define b1 62
#define c2 65
#define cis2 69
#define d2 73
#define dis2 78
#define e2 82
#define f2 87
#define fis2 93
#define g2 98
#define gis2 104
#define a2 110
#define ais2 117
#define b2 123
#define c3 131


// Notenabfolge der Melodie „Holzmichel" wird in einem Array
// aufgenommen


int holzmichel[] = {
f1,f1,e1,f1,g1,a1,a1,g1,f1,g1,g1,f1,e1,a1,a1,g1,f1,f1,f1,e1,f1,g1,
a1,a1,g1,f1,g1,c2,e1,f1,P,
d2,d2,P,d2,c2,c2,P,c2,b1,b1,b1,a1,a1,P,d2,d2,P,d2,
c2,c2,P,c2,b1,a1,g1,f1
};
```
17

```
// Notenlänge der einzelnen Noten = Quotient unter der Sekunde
//wird in einem Array aufgenommen


int dauer[] = {
  4,8,8,8,8,4,8,8,4,4,8,8,4,4,8,8,4,4,8,8,8,8,4,8,8,4,4,4,4,1,
  4,4,8,8,4,4,8,8,4,4,8,8,4,4,4,4,4,8,8,4,4,8,8,4,4,4,1};

// unterschiedlich häufige Wiederholungen(iterativ) aller
// Frequenzen,so das Töne in verschiedener Länge entstehen.
// Der Maximalwert von i wird als Anzahl der im Array "holzmichel"
// vorkommenden Noten angenommen.
// Alle späteren Korrekturen an der Melodie werden so toleriert.


void setup () {

  pinMode (9,OUTPUT);
  for(int i=0; i < sizeof(holzmichel)/2; i++) {


  // um die Notenlänge zu erhalten, teilt man 1000 (Millisekunden)
  // durch die in der Länge vorgegebene Zeit.
  // 1000/8 ist eine Achtelnote.


  int pause = 2000/dauer[i];
  tone (9,holzmichel[i],dauer);

  // zwischen den Tönen muss eine kleine Pause eingebracht werden,
  // was vor allem bei einer Abfolge gleicher Töne zwingend ist.


  delay(pause);


  // Ende des Tones
  noTone(9);
  }
}


void loop () {}
```

18

6.2. Quelltext – Dämmerungsschalter Laterne

```
int sensor = A1;        // analoger Eingang für den Sensorwert ist A1

int s = 0;              // Sensorwert s auf 0 stellen (ganzzahlig)

void setup()
{
pinMode (9, OUTPUT);    // Pin 9 wird auf "Ausgang" gestellt
}
void loop()
{
s = analogRead(Sensor);  // s nimmt den Wert des Sensors an
delay (50);              // Pause
if (s>300)               // Wenn s (Sensorwert) kleiner 300 ist,
{
digitalWrite(9, HIGH);   // dann erhält Pin 9 Strom
}
else
{
digitalWrite(9, LOW);    // wenn nicht, kein Strom
}                        // Probleme kann hier bereiten, dass bei
}                        // Erreichen der Dämmerungsschwelle die
                         // LED mehrfach schaltet. Aus Gründen der
                         // didaktischen Reduktion und weil das
                         // Flattern im Klassenzimmer nicht
                         // vorkommen kann wird auf eine
                         // Schwellwertdifferenzierung verzichtet
```

6.3. Quelltext – Integrierte Lösung

(Melodie über Dämmerungsschalter)

```
//Frequenzen festlegen für Tonhöhe

#define P 0
#define c1 33
#define cis1 35
#define d1 37
#define dis1 39
#define e1 41
#define f1 44
#define fis1 46
#define g1 49
#define gis1 52
#define a1 55
#define ais 58
#define b1 62
#define c2 65
#define cis2 69
#define d2 73
#define dis2 78
#define e2 82
#define f2 87
#define fis2 93
#define g2 98
#define gis2 104
#define a2 110
#define ais2 117
#define b2 123
#define c3 131


// Notenabfolge  der  Melodie  Holzmichel  wird  in  einem  Array
aufgenommen


int holzmichel[] = {

f1,f1,e1,f1,g1,a1,a1,g1,f1,g1,g1,f1,e1,a1,a1,g1,f1,f1,f1,e1,f1,g1,
a1,a1,g1,f1,g1,c2,e1,f1,P,
```

```
d2,d2,P,d2,c2,c2,P,c2,b1,b1,b1,a1,a1,P,d2,d2,P,d2,
c2,c2,P,c2,b1,a1,g1,f1
};


// Notenlänge der einzelnen Noten = Quotient unter der Sekunde
//wird in einem Array aufgenommen


int dauer[] = {
  4,8,8,8,8,4,8,8,4,4,8,8,4,4,8,8,4,4,8,8,8,8,4,8,8,4,4,4,4,1,
  4,4,8,8,4,4,8,8,4,4,8,8,4,4,4,4,4,8,8,4,4,8,8,4,4,4,1};


// unterschiedlich häufige Wiederholungen(iterativ) alle
// Frequenzen, so das Töne verschiedener Länge entstehen.
// Der Maximalwert von i wird als Anzahl der im Array "holzmichel"
// vorkommenden Noten angenommen.
// Alle späteren Korrekturen an der Melodie werden so toleriert.



int sensor = A1;      // analoger Eingang für den Sensorwert ist A1
int s = 0;            // Sensorwert s auf 0 stellen (ganzzahlig)


void setup()
{
pinMode (9, OUTPUT);  // Pin 9 wird auf "Ausgang" gestellt
}
void loop()
{
s = analogRead(sensor);     // s nimmt den Wert des Sensors an
delay (50);                 // Pause
if (s>500)                  // Wenn s (Sensorwert) kleiner 300 ist,
{
{
for(int i=0; i < sizeof(holzmichel)/2; i++) {


// um die Notenlänge zu erhalten, teilt man 1000 (Millisekunden)
// durch die in der Länge vorgegebene Zeit. 1000/8 ist eine
// Achtelnote.


int pause = 2000/dauer[i];
```

```
tone (9,holzmichel[i],dauer);


// zwischen den Tönen muss eine kleine Pause eingebracht werden,
// was vor allem bei einer Abfolge gleicher Töne zwingend ist.

delay(pause);


// Ende des Tones


noTone(9);
}
}


}
else
{
digitalWrite(9, LOW); // wenn nicht, kein Strom
} }                    // Probleme kann hier bereiten, dass bei
}                      // Erreichen der Dämmerungsschwelle die
                       // LED mehrfach schaltet. Aus Gründen der
                       // didaktischen Reduktion und weil das
                       // Flattern im Klassenzimmer nicht
                       // vorkommen kann wird auf eine
                       // Schwellwertdifferenzierung verzichtet
```

6.4. Quelltext – EOS Blinken

```
a:KREIS

wiederhole immer

    a.füllfarbeSetzen(gelb)

    a.füllfarbeSetzen(schwarz)

*wiederhole
```

Geschwindigkeit regeln durch mehrfache Ausführung von a.füllfarbeSetzen(gelb)

oder Berechnungen integrieren

```
a:KREIS

x:Integer

x:=1

wiederhole immer

    a.füllfarbeSetzen(gelb)

    x:=x+1

    a.füllfarbeSetzen(schwarz)

    x:=x+1

*wiederhole
```

Für Einführung der Zählvariable wird folgende Zeile eingefügt:

```
wiederhole solange x <: 100
```

6.5. Schaltpläne und Versuchsaufbau

1.1. Foto: Aufbau mit Lautsprecher und Helligkeitssensor

1.2. Grafik:Aufbau mit Lautsprecher und Helligkeitssensor

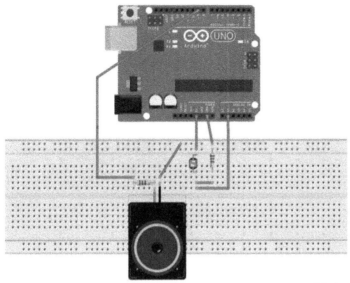

2. Grafik: Aufbau mit LED

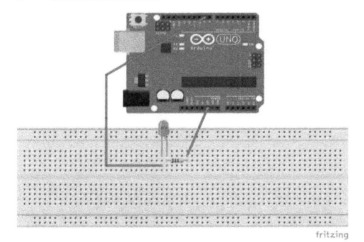

3. Grafik: Aufbau mit Lautsprecher

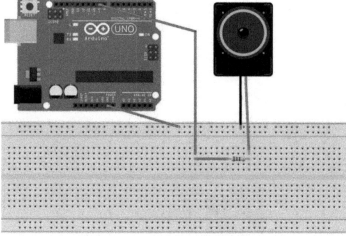

4. Grafik: Aufbau mit Dämmerungsschalter und LED

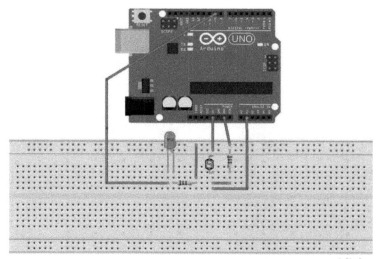

7. Quellenverzeichnis

7.1. Internetquellen (abgerufen am 11.07.2017)

http://starthardware.org/lektion-14-melodie/

http://deskfactory.de/arduino-sound-piezo

https://www.arduino.cc/en/Tutorial/Melody

https://www.arduino.cc/en/Reference/Tone

Beispielsketch Lautstärkemessung z.B. hier:

http://fluuux.de/2012/09/arduino-vu-meter-audiolightshow-vu-meter/

Beispielsketch Abstandsmesser z.B. hier:

http://www.robodino.de/2011/12/ultraschall-distanz-sensor-hc-sr04.html

7.2. Literatur

Gesellschaft für Informatik e. V.: Grundsätze und Standards für die Informatik in der Schule. Bildungsstandards Informatik für die Sekundarstufe I. o.O.2008

Nussey, John: Arduino für Dummies. Ulm. 2015

Sächsisches Staatsministerium für Kultus (Hrsg.): Lehrplan Mittelschule. Informatik. Dresden. 2009

Sächsisches Staatsministerium für Kultus (Hrsg.): Lehrplan Mittelschule. Musik. Dresden. 2009

Sächsisches Staatsministerium für Kultus (Hrsg.): Lehrplan Mittelschule. Physik. Dresden. 2009

Spanner, Günter: Das Franzis Aarduino Projects Lernpaket. Haar. 2014